GATO	PELÍCANO	TORTUGAS	HORMIGA	PATO	TORO
OVEJAS	BÚFALO	BURROS	GRILLO	TIGRES	CAMALEÓN
VACAS	LOROS	CANGUROS	CANGREJO	PERRO	ORCA
ARDILLA	TUCÁN	JIRAFAS	ZORRO	HÁMSTER	FLAMENCOS

NOMBRE ....

CHOMPY

GATO

OVEJAS

VACAS

ARDILLA

PELÍCANO

BÚFALO

LOROS

TUCÁN

TORTUGAS

BURROS

CANGUROS

JIRAFAS

HORMIGA

GRILLO

CANGREJO

ZORRO

PATO

TIGRES

PERRO

HÁMSTER

TORO

CAMALEÓN

ORCA

FLAMENCOS

¡Qué tengas un buen día!

SHAKA SHAKA

CHOMPY

NALU

PUA

WAI

DAN

小 美
XIĂO MĚI

淑 安
SHŪ ĀN

MIKE

HONU

JUAN MANUEL

PANDY

JOEY

NOMBRE ....

NOMBRE ....

NOMBRE ....

NOMBRE ....

NOMBRE ....

NOMBRE ....

Más información sobre el método Langford en: **www.metodolangford.com**

© 2023 Langford SpA, Alonso de Córdova 5870, Oficina 724, Las Condes, Santiago de Chile.

© 2023 Langford SpA. Los siguientes elementos son marcas registradas de Langford SpA: el nombre Langford, método Langford, Shaka, Bamboo, Boomerang y Haka, así como los símbolos asociados, como Langford, SHAKA, BAMBOO, BOOMERANG, HAKA.

ISBN: 978-956-6033-78-3

Inscripción N°: 2023-A-8258

Primera edición

Todos los derechos están reservados. De acuerdo con las sanciones establecidas en las leyes, está estrictamente prohibida, sin la autorización escrita de los titulares de los derechos de autor, la reproducción total o parcial de esta obra por cualquier medio o procedimiento, incluyendo la reprografía y el tratamiento informático.

Autora: Sylvia Langford Horn
Ilustración: Lincoln Fuentes Fuentealba
Diagramación: Joyce Pacheco Langford

Los programas de Bamboo han sido diseñados específicamente para el desarrollo del cálculo mental.

Los programas Boomerang han sido diseñados especialmente para facilitar el aprendizaje de vocabulario en diferentes idiomas, incluyendo español, inglés y chino mandarín.

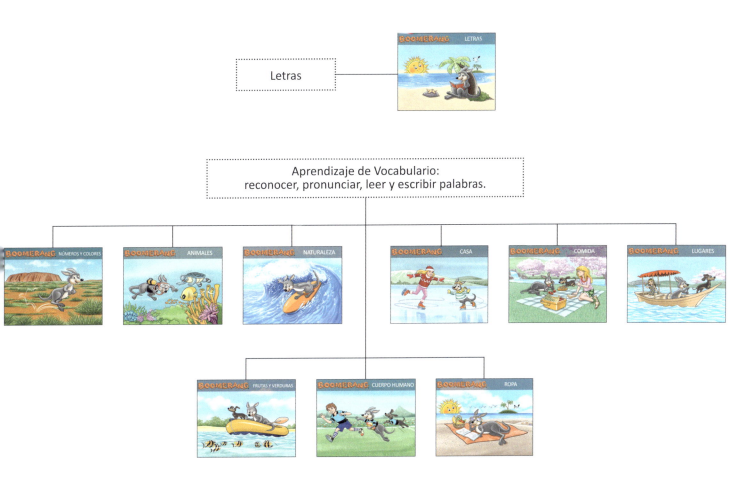

Made in the USA
Columbia, SC
28 July 2024